## *Vorwort*

Da ist sie wieder, die Frühlingszeit. Alles blüht wieder,
die Welt wird bunter. Ostern naht, die Vögel zwitschern.
Was gibt es da schöneres, als sich diese bunte Welt durch
erfrischende Häkelideen nach Hause zu holen? Alle
Anleitungen sind klar und verständlich erklärt und auch
für noch nicht so erfahrene Handarbeiter nachzuarbeiten.
Ich wünsche Ihnen viel Spaß mit meinem Buch.

# Inhaltsangabe

Vorwort

Nachtrag zum Impressum / Copyright

## *Materialien*

Für die kleinen Tierchen verwende ich am Liebsten
Baumwolle, da sie so besser ihre Form bewahren. Am
Wichtigsten ist es, dass immer Garn und Stärke der
Häkelnadel zusammenpassen, da es sonst unschöne
Löcher geben kann.

# *Osterküken*

Folgende Materialien werden benötigt:

- Wolle, am Besten Baumwolle
- Häkelnadel in der passenden Stärke, ich bevorzuge
  Garn und Häkelnadel in der Stärke 2
- Füllwatte
- Nähgarn
- Nähnadel
- Knöpfe oder Augen
- Schere

Wir beginnen mit dem Körper:

Jeder Stichpunkt beinhaltet eine neue Runde.

- Bilden Sie einen Fadenring (oder häkeln Sie zwei Luftmaschen und stechen in die zweite Masche ein)
- Häkeln Sie 6 Feste Maschen im Ring
- Nun verdoppeln Sie jede Masche, so dass sich jetzt 12 Maschen im Ring befinden
- Jetzt müssen Sie jede 2. Masche verdoppeln. Es befinden sich jetzt 18 Maschen im Ring.
- Bitte verdoppeln Sie jede 3. Masche. Sie haben nun 24 Maschen.
- Jetzt jede 4. Masche verdoppeln. Es sind nun 30 Maschen vorhanden.
- 2 Reihen Feste Maschen (30)
- Nun verdoppeln wir jede 5. Masche (36)
- Nun jede 6. Masche verdoppeln (42)
- Vier Reihen Feste Maschen.
- Nun jede 5. und 6. Masche zusammenhäkeln (36)
- Jede 4. und 5. Masche zusammenhäkeln (30)
- Jetzt häkeln wir jede 3. und 4. Masche zusammen (24)
- . Jede 2. und 3. Masche wird zusammengehäkelt (18)
- Den Körper nun schon mal mit Watte ausfüllen.
- Jede 1. und 2. Masche zusammenhäkeln (12)
- Nun jede Masche zusammenhäkeln (6)
- Abketten und zunähen

Flügel (2 x)

- Bilden Sie einen Fadenring (oder häkeln Sie zwei
  Luftmaschen und stechen in die zweite Masche ein)
- Häkeln Sie 5 Feste Maschen im Ring
- Nun verdoppeln Sie jede Masche, so dass sich jetzt
  10 Maschen im Ring befinden
- 5 Reihen FM
- Abketten und am Körper annähen.

Die Augen aufnähen.

Nun muss noch der Schnabel gestickt werden.

## Schnabel

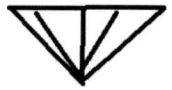

# *Lustige Hasenbande*

Folgende Materialien werden benötigt:

- Wolle, am Besten Baumwolle
- Häkelnadel in der passenden Stärke, ich bevorzuge
  Garn und Häkelnadel in der Stärke 2
- Füllwatte
- Nähgarn
- Nähnadel
- Knöpfe oder Augen
- Schere

Wir beginnen mit dem Körper:

Jeder Stichpunkt beinhaltet eine neue Runde.

- Bilden Sie einen Fadenring (oder häkeln Sie zwei Luftmaschen und stechen in die zweite Masche ein)
- Häkeln Sie 6 Feste Maschen im Ring
- Nun verdoppeln Sie jede Masche, so dass sich jetzt 12 Maschen im Ring befinden
- Jetzt müssen Sie jede 2. Masche verdoppeln. Es befinden sich jetzt 18 Maschen im Ring.
- Bitte verdoppeln Sie jede 3. Masche. Sie haben nun 24 Maschen.
- Jetzt jede 4. Masche verdoppeln. Es sind nun 30 Maschen vorhanden.
- 2 Reihen Feste Maschen (30)
- Nun verdoppeln wir jede 5. Masche (36)
- Nun jede 6. Masche verdoppeln (42)
- Vier Reihen Feste Maschen.
- Nun jede 5. und 6. Masche zusammenhäkeln (36)
- Jede 4. und 5. Masche zusammenhäkeln (30)
- Jetzt häkeln wir jede 3. und 4. Masche zusammen (24)
- . Jede 2. und 3. Masche wird zusammengehäkelt (18)
- Den Körper nun schon mal mit Watte ausfüllen.
- Jede 1. und 2. Masche zusammenhäkeln (12)
- Nun jede Masche zusammenhäkeln (6)
- Abketten und zunähen

Das Gesicht aufnähen.

Füße (2 x)

- Bilden Sie einen Fadenring (oder häkeln Sie zwei
  Luftmaschen und stechen in die zweite Masche ein)
- Häkeln Sie 6 Feste Maschen im Ring
- Nun verdoppeln Sie jede Masche, so dass sich jetzt
  12 Maschen im Ring befinden
- 4 Reihen FM
- Abketten und ohne zu füllen unter den Körper
  nähen.

Ohren (2 x)

Jeder Stichpunkt beinhaltet eine neue Runde.

- Bilden Sie einen Fadenring (oder häkeln Sie zwei
  Luftmaschen und stechen in die zweite Masche ein)
- Häkeln Sie 6 Feste Maschen im Ring
- Nun verdoppeln Sie jede Masche, so dass sich jetzt
  12 Maschen im Ring befinden
- Jetzt müssen Sie jede 2. Masche verdoppeln. Es
  befinden sich jetzt 18 Maschen im Ring.
- 14 Reihen Feste Maschen.
- Abketten und an den Kopf nähen.

## Zarte Frühlingsgefühle in Herzen ausgedrückt

Zuerst häkeln Sie 2 Häubchen.

- Bilden Sie einen Fadenring (oder häkeln Sie zwei Luftmaschen und stechen in die zweite Masche ein)
- Häkeln Sie 6 Feste Maschen im Ring
- Nun verdoppeln Sie jede Masche, so dass sich jetzt 12 Maschen im Ring befinden
- 1 Reihe Feste Maschen
- abketten

- Nun wird ein weiteres Häubchen wie oben genannt gehäkelt.
- Es werden jetzt beide Häubchen zusammen gehäkelt.

Beide Häubchen zusammen- häkeln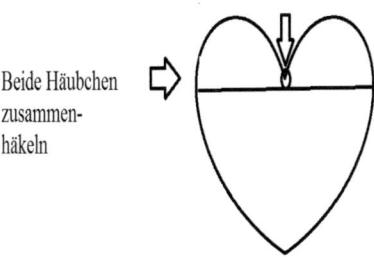

- Die Häubchen werden einmal komplett umhäkelt.
- Nun werden 4 Reihen Feste Maschen gehäkelt.
- Nun wird jede 7. und 8. Masche zusammengehäkelt. Wir haben nun 21 Maschen.
- Jetzt jede 6. und 7. Masche zusammenhäkeln. (18)
- Nun jede 5. und 6. Masche. (15)
- Jede 4. und 5. Masche (12)
- Das Herz kann jetzt mit Füllwatte gefüllt werden.
- Jede 3. und 4. Masche zusammennehmen (9).
- Jede 2. und 3. Masche zusammennehmen (6).
- Jetzt jede 1. und 2. Masche zusammen, abketten und vernähen.

Alle Teile zusammennähen.

## Saftige Erdbeeren

Eine Erdbeere ist schnell gehäkelt und sieht hübsch aus.

- Bilden Sie einen Fadenring (oder häkeln Sie zwei Luftmaschen und stechen in die zweite Masche ein)
- Häkeln Sie 6 Feste Maschen im Ring
- Nun verdoppeln Sie jede Masche, so dass sich jetzt 12 Maschen im Ring befinden.
- 1 Runde feste Maschen.
- Nun jede zweite Masche verdoppeln (18).
- 1 Runde feste Maschen.
- Jetzt jede 3. Masche verdoppeln (24).
- 1 Runde Feste Maschen.
- Jede 6. Masche verdoppeln (28).
- 1 Runde Feste Maschen.
- Jede 14. Masche verdoppeln (30).
- 3 Runden Feste Maschen.
- Jede 10. Masche zusammenhäkeln.
- Jede 9. Masche zusammenhäkeln.
- Schon mal die Frucht etwas ausstopfen.
- Jede 6. Masche zusammenhäkeln (20).
- Jede 5. Masche zusammenhäkeln (16)
- Weiter ausstopfen.
- Jede 2. Masche zusammenhäkeln (8).
- Nun das Loch zunähen und evtl. besticken.

Das Grün der Erdbeeren

- Bilden Sie einen Fadenring (oder häkeln Sie zwei Luftmaschen und stechen in die zweite Masche ein)
- Häkeln Sie 6 Feste Maschen im Ring
- Nun verdoppeln Sie jede Masche, so dass sich jetzt 12 Maschen im Ring befinden
- 5LM, in die 4. der Maschen 1Kettmasche, in die 3. davon = 1Feste Masche, in die 2. davon = 1/2 Stäbchen, in die 1. davon = 1 Stäbchen.
- Alles noch 5-mal wiederholen. Zusammennähen.

# Das kleine Wollschaf

Folgende Materialien werden benötigt:

- Wolle, am Besten Baumwolle
- Häkelnadel in der passenden Stärke, ich bevorzuge Garn und Häkelnadel in der Stärke 2
- Füllwatte
- Nähgarn
- Nähnadel
- Knöpfe oder Augen
- Schere

Wir beginnen mit dem Körper.

Jeder Stichpunkt beinhaltet eine neue Runde.
Wenn Sie ein Ringmuster wünschen müssen Sie in
diesem Bereich alle zwei Reihen die Farbe wechseln.

(Gesichtsfarbe)
- Bilden Sie einen Fadenring (oder häkeln Sie zwei
  Luftmaschen und stechen in die zweite Masche ein)
- Häkeln Sie 6 Feste Maschen im Ring
- Nun verdoppeln Sie jede Masche, so dass sich jetzt
  12 Maschen im Ring befinden
- Jetzt müssen Sie jede 2. Masche verdoppeln. Es
  befinden sich jetzt 18 Maschen im Ring.
- Bitte verdoppeln Sie jede 3. Masche. Sie haben nun
  24 Maschen.
- Jetzt jede 4. Masche verdoppeln. Es sind nun 30
  Maschen vorhanden.
- Farbe wechseln in Weiß.
- Acht Reihen Feste Maschen.
- Jetzt häkeln wir jede 3. und 4. Masche zusammen
  (24)
- . Jede 2. und 3. Masche wird zusammengehäkelt
  (18)
- Den Körper nun schon mal mit Watte ausfüllen.
- Jede 1. und 2. Masche zusammenhäkeln (12)
- Nun jede Masche zusammenhäkeln (6)
- Abketten und zunähen

Ohren ( 2x)

- Bilden Sie einen Fadenring (oder häkeln Sie zwei
  Luftmaschen und stechen in die zweite Masche ein)
- Häkeln Sie 6 Feste Maschen im Ring
- Nun verdoppeln Sie jede Masche, so dass sich jetzt
  12 Maschen im Ring befinden
- Abketten und annähen.

Nun häkeln die Beine. (4x)

- Bilden Sie einen Fadenring (oder häkeln Sie zwei
  Luftmaschen und stechen in die zweite Masche ein)
- Häkeln Sie 8 Feste Maschen im Ring.
- Häkeln Sie 4 Reihen Feste Maschen. Ketten Sie
  nun das Bein ab und Füllen es mit Watte. Danach
  müssen die Beine verschlossen werden.

Wenn alles zusammengenäht worden ist, ist das
Schäfchen fertig.

## *Das Gute Laune Fröschchen*

Folgende Materialien werden benötigt:

- Wolle, am Besten Baumwolle
- Häkelnadel in der passenden Stärke, ich bevorzuge
  Garn und Häkelnadel in der Stärke 2
- Füllwatte
- Nähgarn
- Nähnadel
- Knöpfe oder Kuscheltieraugen
- Schere

Anleitung:

Körper:

Jeder Stichpunkt beinhaltet eine neue Runde.

- Bilden Sie einen Fadenring (oder häkeln Sie zwei Luftmaschen und stechen in die zweite Masche ein)
- Häkeln Sie 6 Feste Maschen im Ring
- Nun verdoppeln Sie jede Masche, so dass sich jetzt 12 Maschen im Ring befinden
- Jetzt müssen Sie jede 2. Masche verdoppeln. Es befinden sich jetzt 18 Maschen im Ring.
- 4 Reihen Feste Maschen.
- Nun jede 2. Masche zusammenhäkeln. Sie haben nun noch 12 Maschen. Den Körper mit Füllwatte füllen. Den Faden abketten und alles zunähen.

Jetzt häkeln wir den Kopf

Jeder Stichpunkt beinhaltet eine neue Runde.

- Bilden Sie einen Fadenring (oder häkeln Sie zwei Luftmaschen und stechen in die zweite Masche ein)
- Häkeln Sie 6 Feste Maschen im Ring
- Nun verdoppeln Sie jede Masche, so dass sich jetzt 12 Maschen im Ring befinden
- Jetzt müssen Sie jede 2. Masche verdoppeln. Es befinden sich jetzt 18 Maschen im Ring.
- Bitte verdoppeln Sie jede 3. Masche. Sie haben nun 24 Maschen.
- Jetzt jede 4. Masche verdoppeln. Es sind nun 30 Maschen vorhanden.
- Nun häkeln Sie 4 Reihen Feste Maschen. Es bleiben immer 30 Maschen.
- Jetzt häkeln Sie jede 3. und 4. Masche zusammen. Es sind nun noch 24 Maschen vorhanden.
- Nun häkeln Sie jede 2. und 3. Masche zusammen. Sie haben nun 18 Maschen.
- Nun jede 2. Masche zusammenhäkeln. Sie haben nun noch 12 Maschen. Der Kopf kann mit Füllwatte ausgefüllt werden.
- Nun jede 2. Masche zusammennähen und den Kopf schließen.

Nun häkeln wir die Augen.

- Bilden Sie einen Fadenring (oder häkeln Sie zwei Luftmaschen und stechen in die zweite Masche ein)
- Häkeln Sie 6 Feste Maschen im Ring
- Nun verdoppeln Sie jede Masche, so dass sich jetzt 12 Maschen im Ring befinden, beenden Sie diese Runde mit einer Kettmasche. Häkeln Sie die Augen noch ein zweites Mal und befestigen Sie am Kopf. Kleben Sie noch jeweils ein Wackelauge an.

Nun häkeln Sie zwei Mal die Arme

- Bilden Sie einen Fadenring (oder häkeln Sie zwei Luftmaschen und stechen in die zweite Masche ein)
- Häkeln Sie 8 Feste Maschen im Ring
- Häkeln Sie 3 Reihen Feste Maschen.
- Nun jede 2. Masche zusammenhäkeln
- 2 Reihen Feste Maschen
- abketten und mit Füllwatte füllen, zunähen.

Nun häkeln Sie zwei Mal die Beine

- Bilden Sie einen Fadenring (oder häkeln Sie zwei
  Luftmaschen und stechen in die zweite Masche ein)
- Häkeln Sie 8 Feste Maschen im Ring
- Häkeln Sie 5 Reihen Feste Maschen.
- Nun jede 2. Masche zusammenhäkeln
- 2 Reihen Feste Maschen
- abketten und mit Füllwatte füllen, zunähen.


Alle Teile zusammen nähen. Nun brauchen die Frösche
noch den Schal.

Dazu 25 Luftmaschen und 1 Reihe Feste Maschen.
Abketten und den Faden vernähen. Das Tierchen ist
fertig.

# *Susi, das kleine Hasenmädchen*

Folgende Materialien werden benötigt:

- Wolle, am Besten Baumwolle
- Häkelnadel in der passenden Stärke, ich bevorzuge Garn und Häkelnadel in der Stärke 2
- Füllwatte
- Nähgarn
- Nähnadel
- Knöpfe oder Augen
- Schere

Anleitung:

Körper:

Jeder Stichpunkt beinhaltet eine neue Runde.

- Bilden Sie einen Fadenring (oder häkeln Sie zwei Luftmaschen und stechen in die zweite Masche ein)
- Häkeln Sie 6 Feste Maschen im Ring
- Nun verdoppeln Sie jede Masche, so dass sich jetzt 12 Maschen im Ring befinden
- Jetzt müssen Sie jede 2. Masche verdoppeln. Es befinden sich jetzt 18 Maschen im Ring.
- Nun sollten Sie jede 3. Masche verdoppeln. Sie haben nun 24 Maschen.
- Nun häkeln Sie acht Reihen Feste Maschen, es bleiben immer 24 Maschen.

- Jetzt jede 2. und 3. Masche zusammenhäkeln, Es bleiben nun 18 Maschen.
- 1 Reihe Feste Maschen.
- Nun den Körper mit Füllwatte füllen. Den Faden durch die Masche ziehen und abschneiden. Er sollte aber etwas länger gelassen werden, damit man mit ihm den Körper zunähen kann, was auch jetzt geschehen sollte.

Jetzt häkeln wir den Kopf

Jeder Stichpunkt beinhaltet eine neue Runde.

- Bilden Sie einen Fadenring (oder häkeln Sie zwei Luftmaschen und stechen in die zweite Masche ein)
- Häkeln Sie 6 Feste Maschen im Ring
- Nun verdoppeln Sie jede Masche, so dass sich jetzt 12 Maschen im Ring befinden
- Jetzt müssen Sie jede 2. Masche verdoppeln. Es befinden sich jetzt 18 Maschen im Ring.
- Bitte verdoppeln Sie jede 3. Masche. Sie haben nun 24 Maschen.
- Jetzt jede 4. Masche verdoppeln. Es sind nun 30 Maschen vorhanden.
- Nun häkeln Sie 4 Reihen Feste Maschen. Es bleiben immer 30 Maschen.
- Jetzt häkeln Sie jede 3. und 4. Masche zusammen. Es sind nun noch 24 Maschen vorhanden.
- Nun häkeln Sie jede 2. und 3. Masche zusammen. Sie haben nun 18 Maschen.

- Nun jede 2. Masche zusammenhäkeln. Sie haben nun noch 12 Maschen. Der Kopf kann mit Füllwatte ausgefüllt werden.
- Nun jede 2. Masche zusammennähen und den Kopf schließen.

Nun kommen die Ohren an die Reihe. Sie werden zwei Mal gehäkelt.

- Bilden Sie einen Fadenring (oder häkeln Sie zwei Luftmaschen und stechen in die zweite Masche ein)
- Häkeln Sie 4 Feste Maschen im Ring.
- Nun verdoppeln Sie jede Masche. Sie haben nun 8 Maschen.
- Jetzt verdoppeln Sie jede 2. Masche.
- Nun häkeln Sie 23 Reihen Feste Maschen.
- Der Faden kann nun vernäht werden und das Häkelstück kann verschlossen werden.

Nun häkeln wir die Arme.

- Bilden Sie einen Fadenring (oder häkeln Sie zwei Luftmaschen und stechen in die zweite Masche ein)
- Häkeln Sie 4 Feste Maschen im Ring.
- Nun verdoppeln Sie jede Masche. Sie haben nun 8 Maschen.
- Nun häkeln Sie 6 Reihen Feste Maschen.
- Der Faden kann nun vernäht werden und das Häkelstück kann verschlossen werden.


Die Beine

- Bilden Sie einen Fadenring (oder häkeln Sie zwei Luftmaschen und stechen in die zweite Masche ein)
- Häkeln Sie 6 Feste Maschen im Ring.
- Nun verdoppeln Sie jede Masche. Sie haben nun 12 Maschen.
- Nun häkeln Sie 5 Reihen Feste Maschen.
- Der Faden kann nun vernäht werden und das Häkelstück kann verschlossen werden.


Nun alle Teile füllen und zusammennähen. Als Augen entweder Knöpfe oder Stofftieraugen verwenden und annähen oder kleben.

# *Ostereier*

Folgende Materialien werden benötigt:

- Wolle, am Besten Baumwolle
- Häkelnadel in der passenden Stärke, ich bevorzuge Garn und Häkelnadel in der Stärke 2
- Füllwatte
- Nähgarn
- Nähnadel
- Schere


- Bilden Sie einen Fadenring (oder häkeln Sie zwei Luftmaschen und stechen in die zweite Masche ein)
- Häkeln Sie 6 Feste Maschen im Ring
- Nun verdoppeln Sie jede Masche, so dass sich jetzt 12 Maschen im Ring befinden
- Jetzt müssen Sie jede 2. Masche verdoppeln. Es befinden sich jetzt 18 Maschen im Ring.
- Bitte verdoppeln Sie jede 3. Masche. Sie haben nun 24 Maschen.
- Jetzt jede 4. Masche verdoppeln. Es sind nun 30 Maschen vorhanden.
- 2 Reihen Feste Maschen (30)
- Nun verdoppeln wir jede 5. Masche (36)
- Nun jede 6. Masche verdoppeln (42)
- Vier Reihen Feste Maschen.
- Nun jede 5. und 6. Masche zusammenhäkeln (36)
- Jede 4. und 5. Masche zusammenhäkeln (30)
- Jetzt häkeln wir jede 3. und 4. Masche zusammen (24)
- . Jede 2. und 3. Masche wird zusammengehäkelt (18)
- Das Ei nun schon mal mit Watte ausfüllen.

- Jede 1. und 2. Masche zusammenhäkeln (12)
- Nun jede Masche zusammenhäkeln (6)
- Abketten und zunähen

## Kleines Frühlings-Bienchen

Ein kleines Bienchen darf auch nicht fehlen.

Folgende Materialien werden benötigt:

- Wolle, am Besten Baumwolle
- Häkelnadel in der passenden Stärke, ich bevorzuge
  Garn und Häkelnadel in der Stärke 2
- Füllwatte
- Nähgarn
- Nähnadel
- Knöpfe oder Augen

- Schere

Wir beginnen mit dem Körper.

Jeder Stichpunkt beinhaltet eine neue Runde.
Wenn Sie ein Ringmuster wünschen müssen Sie in
diesem Bereich alle zwei Reihen die Farbe wechseln.

- Bilden Sie einen Fadenring (oder häkeln Sie zwei
  Luftmaschen und stechen in die zweite Masche ein)
- Häkeln Sie 6 Feste Maschen im Ring
- Nun verdoppeln Sie jede Masche, so dass sich jetzt
  12 Maschen im Ring befinden
- Jetzt müssen Sie jede 2. Masche verdoppeln. Es
  befinden sich jetzt 18 Maschen im Ring.
- Bitte verdoppeln Sie jede 3. Masche. Sie haben nun
  24 Maschen.
- Jetzt jede 4. Masche verdoppeln. Es sind nun 30
  Maschen vorhanden.
- 2 Reihen Feste Maschen (30)
- Zwei Reihen Feste Maschen.
- Jetzt häkeln wir jede 3. und 4. Masche zusammen
  (24)
- . Jede 2. und 3. Masche wird zusammengehäkelt
  (18)
- Den Körper nun schon mal mit Watte ausfüllen.
- Jede 1. und 2. Masche zusammenhäkeln (12)
- Nun jede Masche zusammenhäkeln (6)
- Abketten und zunähen

Nun häkeln wir die Flügel (2 X)

Wie häkeln nun nicht in Runden.

- Wir beginnen mit einer Kette aus 10 Luftmaschen
- In jede Luftmasche kommt ein halbes Stäbchen
- Wenden
- In jedes Stäbchen kommt eine Feste Masche (nur am Flügelrand)
- Abketten und am Körper annähen.

Nun nur noch die Augen annähen.
Das Bienchen ist fertig.

# *Feine Blümchen*

Folgende Materialien werden benötigt:

- Wolle, am Besten Baumwolle
- Häkelnadel in der passenden Stärke
- Nähgarn
- Nähnadel
- Schere

Wir beginnen mit dem Blütenkelch:
- Bilden Sie einen Fadenring (oder häkeln Sie zwei Luftmaschen und stechen in die zweite Masche ein)
- Häkeln Sie 4 Feste Maschen im Ring
- Nun verdoppeln Sie jede Masche, so dass sich jetzt 8 Maschen im Ring befinden
- Jetzt müssen Sie jede 2. Masche verdoppeln. Es befinden sich jetzt 16 Maschen im Ring.

Nun empfehle ich Ihnen, die Farbe zu wechseln, wir häkeln nun die Blütenblätter.

Befestigen Sie den neuen Faden und beginnen Sie die Reihe mit einer Kettmasche. Nun häkeln Sie 12 Luftmaschen und stechen direkt in die nächste Masche wieder ein. Bilden Sie dabei eine Kettmasche. Führen Sie die Runde so weiter durch, bis Sie 8 Blütenblätter haben. Beenden Sie wieder mit einer Kettmasche und vernähen Sie den Faden.

# *Erfrischende Birnchen*

Folgende Materialien werden benötigt:

- Wolle, am Besten Baumwolle
- Häkelnadel in der passenden Stärke
- Füllwatte
- Nähgarn
- Nähnadel
- Schere

Wir beginnen mit dem Körper der Birne

Jeder Stichpunkt beinhaltet eine neue Runde.
Wenn Sie ein Ringmuster wünschen müssen Sie in
diesem Bereich alle zwei Reihen die Farbe wechseln.

- Bilden Sie einen Fadenring (oder häkeln Sie zwei
  Luftmaschen und stechen in die zweite Masche ein)
- Häkeln Sie 6 Feste Maschen im Ring
- Nun verdoppeln Sie jede Masche, so dass sich jetzt
  12 Maschen im Ring befinden
- Jetzt müssen Sie jede 2. Masche verdoppeln. Es
  befinden sich jetzt 18 Maschen im Ring.
- 2 Runden Feste Maschen.
- Jede 2. Masche verdoppeln-
- 1 Runde Feste Maschen.
- Jede 3. Masche verdoppeln
- 2 Runden Feste Maschen.
- Jede 4. Masche verdoppeln.
- 1 Runde Feste Maschen
- Nun jede 5. Masche zusammenhäkeln.
- 1 Runde Feste Maschen.
- Jede 4. Masche zusammenhäkeln.
- 1 Runde Feste Maschen.
- Jede 3. und 4. Masche zusammenhäkeln.
- Jede zweite Masche zusammenhäkeln.
- Mit Watte füllen.
- Immer zwei Maschen zusammenhäkeln.
- Garnende vernähen.

Für den Stiel 6 Lm in Braun. Runde 1: die 1. Lm
auslassen, Km die gesamte Kette hinab (= 5 M).
Anfangs- und Endfaden von oben durch die gesamte
Birne nähen und den Stiel befestigen, indem man beide
Fäden am unteren Ende der Birne miteinander verknotet.
Der Knoten bildet die Birnenblüte.
Das Birnchen ist fertig.

# Eierwärmer

Folgende Materialien werden benötigt:

- Wolle, am Besten Baumwolle
- Häkelnadel in der passenden Stärke, ich bevorzuge Garn und Häkelnadel in der Stärke 2
- Nähgarn
- Nähnadel
- Schere

- Bilden Sie einen Fadenring (oder häkeln Sie zwei Luftmaschen und stechen in die zweite Masche ein)
- Häkeln Sie 6 Feste Maschen im Ring
- Nun verdoppeln Sie jede Masche, so dass sich jetzt 12 Maschen im Ring befinden
- Jetzt müssen Sie jede 2. Masche verdoppeln. Es befinden sich jetzt 18 Maschen im Ring.
- Bitte verdoppeln Sie jede 3. Masche. Sie haben nun 24 Maschen.
- Jetzt jede 4. Masche verdoppeln. Es sind nun 30 Maschen vorhanden.
- 2 Reihen Feste Maschen (30)
- Nun verdoppeln wir jede 5. Masche (36)
- Nun jede 6. Masche verdoppeln (42)
- Häkeln Sie 11 Reihen Feste Maschen.
- Abketten und den Faden vernähen, Augen annähen.


Nase

- Bilden Sie einen Fadenring (oder häkeln Sie zwei Luftmaschen und stechen in die zweite Masche ein)
- Häkeln Sie 6 Feste Maschen im Ring
- Nun verdoppeln Sie jede Masche, so dass sich jetzt 12 Maschen im Ring befinden
- 1 Reihe Feste Maschen.
- Abketten und an das Gesicht nähen.

## Ohren (2 x)

- 18 Luftmaschen häkeln
- Die Luftmaschen zweimal umhäkeln, dabei an der Ohrenspitze jeweils 3 Maschen zunehmen.
- Abketten und an den Kopf nähen.
- Der Eierwärmer ist fertig.

## *Nachtrag zum Impressum / Copyright*

Shutterstock.com

Herstellung und Verlag:
BoD - Books on Demand, Norderstedt
ISBN 978-3-7347-4870-7